Los Dones del Espíritu

José Young

Ediciones Crecimiento Cristiano

Diseño de Tapa: Ana Ruth Santacruz

© **Ediciones Crecimiento Cristiano**
Córdoba 419 - Villa Nueva
Córdoba - Argentina
oficina@edicionescc.com
www.edicionescc.com

Primera edición: 10/89
Reimpresion:11/08

I.S.B.N. 950-9596-67-1
Queda hecho el depósito que previene
la ley 11.723

Ediciones Crecimiento Cristiano es una Asociación Civil
sin fines de lucro dedicada a la enseñanza
del mensaje evangélico por medio de la literatura.

IMPRESO EN ARGENTINA

VD2

Introducción

El Espíritu Santo es la fuerza motriz de la iglesia. En un sentido, es su vida. Sin el Espíritu, no habría iglesias, sino clubes religiosos. Nosotros somos los brazos y piernas del Espíritu. El Espíritu llena el cuerpo de Cristo y actúa por medio de sus miembros. Por esta razón el tema de los dones del Espíritu es de vital importancia para las iglesias. Este cuaderno los estudia, pero más importante que estudiarlos es su *aplicación* a la vida de la iglesia.

Una nota de advertencia. Este es el segundo estudio sobre el tema del Espíritu Santo. En el primero (El Espíritu Santo) pusimos las bases esenciales para una consideración equilibrada del tema, y recomendamos que estudie ese cuaderno primero.

Estudios

	Página	Tema
1	4	¿Qué son?
2	10	Los dones personificados
3	18	Los dones imprescindibles
4	25	Los dones discutidos [1]
5	36	Los dones discutidos [2]
6	49	Cómo reconocer su don
	57	Como utilizar este material

1

¿Qué son?

Antes de discutir sobre el uso de los dones es necesario dar una clara definición de ellos. Si existen distorsiones en el uso de los dones, normalmente son fruto de una comprensión inadecuada de su naturaleza y propósito.

Primero, los dones son de Dios

1 Normalmente hablamos de los "dones del Espíritu", pero según los siguientes versículos, ¿de dónde provienen los dones? Romanos 12:3, Efesios 4:7,8, 1 Corintios 12:11.

Cuando Pablo habla de los dones en Romanos 12 y 1 Corintios 12, emplea la palabra **carisma**, que tiene como raíz la palabra **cáris**, es decir, "gracia". Son dones de gracia, dones inmerecidos. En Efesios 4:7,8 Pablo utiliza dos términos que significan simplemente "regalo".

1 Corintios 12:31 y 14:1 sugieren que es correcto ambicionar los "mejores" dones, es decir, los dones que dan una mejor oportunidad de servir a nuestro Señor.

2 Sin embargo, a la luz de la primera pregunta y Romanos 12:6, 1 Corintios 12:4,11 y Efesios 4:7, ¿qué parte tenemos nosotros en la decisión de nuestro don?

Esto nos lleva a una cuestión más difícil. Muchas personas tienen capacidades "naturales", como la música, o la oratoria. Pero ¿qué relación tiene la capacidad natural con los dones de Dios? ¿Dios los utiliza igual? ¿No tienen ninguna relación?

3 ¿Qué opina usted?

Son para la iglesia

No hay ninguna duda de que el don que uno tiene puede ser de provecho personal (aunque el único versículo que lo sugiere es 1 Corintios 14:4), pero ese no es su propósito. Dios no me da un don para mí mismo, sino para su iglesia.

4 Note cómo se explica el propósito de los dones en los siguientes pasajes:

a) 1 Corintios 14:12,26

b) Efesios 4:11,12

c) 1 Pedro 4:10

d) 1 Corintios 12:7

En un cuerpo (humano o la iglesia) los miembros existen para el bien de los demás. Un miembro que dedica sus energías en beneficio y crecimiento propio es un cáncer. Dios ha dado los dones a su iglesia para el beneficio y el crecimiento de todos.

5 Pablo destaca esto en Efesios 4:16. Haga una paráfrasis, una versión "criolla" de este versículo:

Una de las áreas de desacuerdo entre los creyentes es si todos los dones están vigentes o no. En la práctica se pueden dividir las opiniones en dos grupos.

En **primer** lugar, existen iglesias donde no niegan los dones, pero tampoco les hacen caso. El pastor efectivamente hace todo, y aunque pueda recibir ayuda de la congregación, no existe en la iglesia el concepto de cuerpo, como vimos en Efesios 4:16.

Hay muchas iglesias de esta clase, aunque no tanto en América Latina. Felizmente hay un despertar a nivel mundial a la realidad de la iglesia como cuerpo y la necesidad del empleo de los dones en la congregación.

En el extremo de esta posición están las iglesias que niegan que los dones —o por lo menos ciertos dones— existen actualmente. Creen que eran para el tiempo apostólico, pero que No son necesarios ahora. Aunque tienen varios argumentos prácticos e históricos para afirmar esto, su base bíblica es esencialmente 1 Corintios 13:8-12.

El pasaje habla de dos dones —profecía y lenguas— y dice que en un momento han de desaparecer. Pero no dice directamente *cuándo* será eso. Básicamente existen dos interpretaciones para estos versículos:

- Estos dones desaparecerían cuando el Nuevo Testamento esté formado, es decir, cuando tengamos la "perfecta" revelación de Dios.
- Desaparecerán cuando llegue el Señor, el que borra todas las imperfecciones.

6 ¿Cuál de estas dos posiciones parece más correcta *según el pasaje?*

En **segundo** lugar, están las iglesias que dan un énfasis excesivo a *algunos* dones. Exhaltan los dones más espectaculares, como por ejemplo, sanidad y lenguas, pero en la práctica niegan los dones más esenciales para el funcionamiento de la iglesia, como por ejemplo, los mencionados en Romanos 12:6-8.

7 ¿Cómo aplicamos 1 Corintios 12:14-26 a esta posición?

La posición que hemos de tomar en los estudios siguientes busca un equilibrio entre estos dos extremos. Vamos a examinar, aun brevemente, a todos los dones mencionados en el Nuevo Testamento. Reconocemos que es posible que los usemos mal, o haya imitaciones satánicas de algunos dones, pero estas circunstancias no pueden negar las verdaderas manifestaciones de la obra del Espíritu por medio de su iglesia.

Resumiendo, ¿qué son los dones? Son las capacidades que

Dios ha dado a Los miembros del cuerpo de Cristo. Cada parte tiene una función, dada por Dios, para el bien de todo el cuerpo. Si cada parte funciona en unión con las demás, dedicándose al bien de sus hermanos, todo el cuerpo crece (Efesios 4:16).

2

Los dones personificados

Hay ciertos dones que son más visibles, y por lo tanto son más conocidos. Sin embargo, las capacidades que Dios da a sus hijos para bien de la iglesia tienen una gran variedad de manifestaciones, como veremos en los siguientes estudios. Hay cinco pasajes que mencionan dones específicos, y en ellos vemos la riqueza de la provisión del Espíritu para la iglesia. En primer lugar notamos que en estas listas hay muy poca repetición. Este hecho debe advertirnos del peligro de dar demasiado énfasis a uno más que a otro.

1 A continuación hay espacio para hacer una lista de los diferentes dones. Búsquelos en varias versiones de la Biblia, y ponga el término que mejor describe la naturaleza de ese don.

a) 1 Corintios 12:8-10

b) Romanos 12:6-8

c) 1 Corintios 12:28

d) Efesios 4:11

e) 1 Pedro 4:10, 11

2 ¿Cuáles son los dones que aparecen en tres o más de los pasajes?

En segundo lugar notamos que Dios da dos clases de dones a su iglesia: **personas**, como vemos en Efesios 4 y 1 Corintios 12, y **capacidades**. Y es importante notar que según estos dos pasajes, los dones principales de Dios son personas. Por ejemplo, en 1 Corintios 12:28 Pablo los enumera, comenzando con apóstoles. Y también en Efesios 4:11-13 destaca que estas personas capacitadas tienen la tarea de entrenar a los demás creyentes para que ellos cumplan con el ministerio de la iglesia. Vamos a dedicar el resto de esta lección a estas cinco personas.

Apóstol

La palabra apóstol tiene su raíz en una palabra griega [**apóstolos**] que significa "enviado en misión". Un apóstol es un enviado, un comisionado para cumplir una misión.

Por ejemplo, Hebreos 3:1 dice que Jesucristo mismo era un apóstol, es decir, el enviado de Dios para cumplir nuestra redención.

Todos reconocemos a los 12 apóstoles, pero muchos no se

dan cuenta que había otros apóstoles, además de los 12. Por ejemplo, Bernabé (Hechos 13:2 con 14:14), Epafrodito (en Filipenses 2:25 la palabra traducida "mensajero" es la misma traducida por "apóstol" en otros pasajes), y otros son llamados apóstoles. Es decir, habían sido enviados por las iglesias para cumplir una misión (así Hechos 13:2).

Es importante, entonces, distinguir entre los 12, y los "otros" apóstoles.

3   En base a los siguientes pasajes, explique de qué manera los doce formaban un grupo único. Mateo 19:28, Hechos 1:21,22, Apocalipsis 21:14.

Los 12 cumplieron su papel en la formación inicial de la iglesia, y tenían una autoridad única. Pero todavía necesitamos apóstoles, no como ellos, sino como Bernabé, Santiago y los demás "otros" apóstoles. Los necesitamos por la función que tienen. El cuerpo, para cumplir sus propósitos, necesita de todos los dones para el nacimiento y crecimiento de una congregación.

4   Según los siguientes pasajes, ¿cuál es la *función* del apóstol? 1 Corintios 3:6,10; Romanos 15:20,21; Efesios 2:19,20 con 1 Corintios 3:10.

Reconocemos que hay diferencias de interpretación en cuanto al significado del apostolado, sin embargo, la iglesia todavía necesita apóstoles en ese "otro" sentido, es decir, necesita pioneros que entren donde no haya iglesias y abran brechas.

Profeta

Aunque también hay diferencias en la interpretación acerca de los profetas, si nos limitamos a lo que el Nuevo Testamento dice, el tema se aclara.

Es importante destacar primero que la vida de los profetas no estaba llena solamente de éxtasis y visiones del futuro. En el Antiguo Testamento jugaban un papel muy importante como maestros en el pueblo, y si examinamos los libros proféticos, encontramos que contienen mayormente exhortación. Los eruditos están de acuerdo en que el profeta principalmente proclamaba la Palabra de Dios al pueblo, y en segundo lugar, predecía.

El profeta también tenía un lugar importante en la iglesia primitiva. Por ejemplo, vemos en Hechos 13:1-4 y 14:14 que Pablo se nombraba entre los profetas y maestros; solamente después que la iglesia lo apartó junto con Bernabé a la misión, fue llamado apóstol.

5   Según los siguientes pasajes, ¿cuál es la tarea del profeta?

a) Hechos 15:32

b) 1 Corintios 14:3

c) 1 Corintios 14:4

d) 1 Corintios 14:31

6 A la luz de estas definiciones de la profecía que hemos encontrado en el Nuevo Testamento, ¿cuál ha de ser el lugar del profeta en la iglesia actual?

Evangelista

El evangelista proclama el evangelio, las buenas noticias. Todo creyente tiene la responsabilidad de testificar de Cristo, sin embargo están los que Dios utiliza particularmente en esa tarea. Su don es poder convencer a los no creyentes por medio del poder del Espíritu.

7 Ahora, es lógico que todo apóstoL tiene también que ser evangelista. Pero no todo evangelista necesita ser apóstol. ¿Por qué?

Pastores

El tema del pastor es muy amplio, y lo cubrimos más detalladamente en otros cuadernos (Lección 6 de VB6, "Vivir en comunidad", y MI1, "Ancianos, obispos y pastores"). Lo importante ahora es notar que el pastor es un don de Dios para la iglesia.

Cuando estudiamos el tema del pastor, vemos que es mucho más que ser un predicador. Al contrario, hay comentaristas que piensan que el pastor no necesariamente tiene que ser predicador.

8 Si pensamos en la figura del pastor, es decir, comparamos el pastor de una iglesia con el pastor de ovejas, ¿cuáles son sus funciones en la iglesia?

Maestro

Aunque hemos dado al maestro un lugar separado en este estudio, muchos comentaristas piensan que debe incluirse con pastores. Por ejemplo, dicen que se debe traducir Efesios 4:11 por "pastores que enseñan". De todos modos, tal como puede haber pastores que no predican, también puede haber maestros, que no sean pastores.

Una iglesia con buenos predicadores, pero sin maestros, está en una situación peligrosa. Realmente, si estos cinco dones están presentes y en acción, nos damos cuenta que cubren las áreas básicas para la extensión de la iglesia. Todos son necesarios, porque cada uno tiene su parte en la tarea.

9 Como ejercicio final, indique en pocas palabras el área específica cubierta por cada don en la extensión de la iglesia.

a) Apóstoles:

b) Profetas:

c) Evangelistas:

d) Pastores:

e) Maestros:

10 Observando su propia iglesia, ¿qué dones pediría a nuestro Dios para ella? Ore por esta necesidad.

3

Los dones imprescindibles

En el estudio anterior vimos que Dios da ciertos hombres capacitados a la iglesia como dones. Ahora vamos a comenzar a examinar los dones que él reparte entre todos los miembros de la congregación. Usaremos como base Romanos 12:6-8. El pasaje menciona siete dones; veremos seis de ellos ahora, y el séptimo, profecías, lo veremos en la lección siguiente.

Como sugiere el título de esta lección, estos son dones que tienen que ver con el quehacer diario de la iglesia. No son los más espectaculares, pero en un sentido, son los más necesarios. Son los dones que permiten que la iglesia funcione como cuerpo.

Servir

La palabra utilizada aquí [**diakonía**] es la más común en el Nuevo Testamento para referirse a servicio en el sentido más amplio. Nuestro término "diácono" viene de la misma raíz, y algunos comentaristas piensan que Pablo aquí (Romanos 12) está hablando de los diáconos. Si aceptamos que nombraron los primeros diáconos en Hechos 6:1-6, vemos que era un servicio muy práctico.

La mayoría de nosotros preferimos ser predicadores o maestros; pero la iglesia no puede funcionar sin el don de servicio. Tal vez por esta razón Pedro agregó que debemos servir "conforme al poder que Dios da" (1 Pedro 4:11).

En un sentido, hay dos clases de creyentes: los que ven una necesidad (silla rota, piso sucio, etc.) y se quejan: "¿Por qué no hacen algo...?". Pero también están los que ven la misma necesidad, y se ponen a trabajar para encontrar la solución del problema.

1 En cuanto a su iglesia:

    a) ¿Cuántos de los miembros tienen esa vocación de servicio?

    b) ¿Puede pensar en una manera de estimular el ejercicio de este don?

Enseñar

Tal vez el error más grande es pensar que la enseñanza siempre viene del púlpito. Pero pasajes como Hechos 18:26 y 20:20, y la experiencia misma indican que mucha de la enseñanza más importante en la iglesia ocurre en otras situaciones. El don de enseñar es el de poder ayudar a otras personas acomprender las Escrituras, y aplicarlas a su vida diaria.

2 Piense en situaciones de su iglesia donde hace falta el don de enseñanza, además del púlpito.

Animar/exhortar

Este verbo es muy especial. Es **parakaléo**, que significa literalmente "llamar hacia sí", y se usa con varios significados diferentes en el Nuevo Testamento.

Un significado es *consolar*, y vemos este uso en 2 Corintios 1:3-7, pasaje que emplea el mismo término.

El otro significado común es *exhortar*, y vemos este concepto en pasajes como Hechos 11:23 y 2 Corintios 6:1.

Describe el rol del consejero, que Dios capacita para comprender y tratar las necesidades emocionales y espirituales de los hermanos.

A continuación hay una lista de varios de los pasajes que utilizan el verbo "parakaléo".

3   Indique en cada caso a qué nos anima o exhorta.

a) 1 Corintios 1:10

b) Efesios 4:1

c) 1 Tesalonicenses 4:1

d) 1 Tesalonicenses 4:(9),10

e) 1 Tesalonicenses 5:14

f) 2 Tesalonicenses 3:12

g) 1 Timoteo 2:1

h) Tito 2:6

i) 1 Pedro 2:11

Dar/repartir

El verbo utilizado aquí está en singular. Significa compartir lo propio. No se refiere, en este caso, a repartir los bienes de la iglesia. La Biblia es clara en afirmar que todos debemos dar, y ofrece pautas. Pero algunos tienen el don de dar más allá de lo normal, tal vez como vemos en 2 Corintios 8:2,3.

Este no es un don solamente para los "ricos" (así 2 Corintios 8:2,3). Los términos "rico" y "pobre" son muy relativos. El que maneja una bicicleta nueva en Pueblo Perdido es un rico; pero en Nueva York sería un pobre. Así es que casi todos somos más "ricos" que algunos.

Y aún más, 2 Corintios 9:8 sugiere que el Señor da al que da. No depende de nuestros recursos solamente. Note los siguientes versículos que utilizan este mismo verbo (dar, repartir): Lucas 3:11; Efesios 4:28; 1 Tesalonicenses 2:8.

4 Según estos versículos, ¿en qué consiste este don?

Dos versiones de la Biblia dicen que se debe dar con "sencillez", otra "con esplendidez" y aún otra dice con "liberalidad" (Romanos 12.8).

5 ¿Cómo debe dar la persona que tiene este don?

Dirigir/presidir

El verbo se refiere a una persona responsable, pero no aclara en qué sentido. Algunos comentaristas piensan que se refiere a los pastores o ancianos, pero esa es solamente una de las posibilidades. Por ejemplo, se usa tres veces para referirse al padre que conduce su hogar.

Note cómo diferentes versiones de la Biblia traducen el término:

- "el que preside, con solicitud" (Reina Valera)
- "el encargado, con empeño" (Nueva Biblia Española)
- "el que ocupa un puesto de responsabilidad, con todo cuidado" (Versión Popular)

6 ¿Cuáles son algunos de los aspectos de la vida de la iglesia que requieren un hermano (además del pastor) con el don de dirigir, administrar?

Ayudar/hacer misericordia

El verbo probablemente se refiere a los que se dedican a ayudar a los enfermos, los pobres, los ancianos. Es una tarea de la iglesia (por ejemplo, Hechos 6:1), pero llevado a cabo por los que tienen el don. Los historiadores relatan cómo la gente pagana quedaba impresionada de los primeros cristianos por la manera en que buscaban aliviar el sufrimiento de la gente.

La persona que tiene este don, también debe ser una persona con:

- *compasión*, sensible a las necesidades de otras personas.
- *discernimiento*, para poder evaluar la verdadera situación del otro.
- *realismo*, para encontrar la solución que corresponde a esa situación

7 ¿Por qué es riesgoso que una persona trate de poner en práctica este don sin estas tres caractersíticas?

Se ha dicho: "Nadie debe tener hambre en la iglesia a menos que *todos* tengan hambre; a nadie le debe faltar ropa en la iglesia a menos que a *todos* les falte ropa".

8　En cuanto a este dicho:

　　a) ¿Está de acuerdo? Explique cómo lo entiende.

　　b) ¿Cómo puede la persona con este don ayudar a la iglesia a cumplir con su deber?

9　¿Por qué es tan importante que ejerciten su don con "alegría", como dice Romanos 12:8?

　　Estos también son dones carismáticos. Y, repito, son en un sentido, más necesarios que los dones "espectaculares". Por medio de estos dones la iglesia se alimenta, se edifica, se sana.

4

Los dones discutidos [1]

Llegamos ahora a la parte más difícil del tema. Creyentes igualmente sinceros e igualmente espirituales, difieren en cuanto a la interpretación de los dones de 1 Corintios 12:8-10. Tal vez el problema principal es que muchas veces nos vamos más allá de lo que el pasaje realmente dice, y confundimos Nuestra experiencia con nuestra interpretación. Esta vez hay 9 dones en la lista. Veremos 4 de ellos en esta lección.

Palabra de sabiduría (v. 8)

La idea que tenemos aquí es de una persona que habla sabiamente, con la sabiduría de Dios, dada por el Espíritu. Hasta aquí lo que significa el término. Pero este pasaje no explica cómo es prácticamente. Los comentaristas mencionan dos posibles interpretaciones para este concepto:

- Una palabra divina que viene para la iglesia. A veces para resolver un problema, a veces para dar dirección a la iglesia. Pero la dificultad aquí es que es *muy* difícil discernir entre mis propias impresiones fuertes, y una revelación de Dios. Muchas iglesias tienen experiencias tristes donde una "palabra de sabiduría" de un hermano causó serios daños a la iglesia.

- La capacidad dada por el Espíritu de explicar las cosas de Dios con la sabiduría de Dios. No es que tiene una "revelación nueva", sino que es capaz de descubrir las cosas ya reveladas para el pueblo.

---

1 Uno de los pocos pasajes que trata el tema es 1 Corintios 2:6-10. Según este pasaje, ¿qué es una "palabra de sabiduría"?

2 ¿Cómo nos ayuda Santiago 3:13-17 a distinguir entre la sabiduría que proviene de Dios, y la que proviene del hombre?

Palabra de conocimiento (v. 8)

Los comentaristas generalmente encuentran dificultades en distinguir entre este don y el anterior, y varios sugieren que son esencialmente el mismo.

Pero cuando examinamos los pasajes donde se usa esta palabra, vemos que habla principalmente de los frutos del estudio y de la experiencia. Tal como un carpintero tiene conocimiento de su oficio, así también necesitamos personas en la iglesia que tengan un conocimiento de las cosas de Dios que viene de haber caminado con él.

Hay unos pocos pasajes que utilizan la misma palabra griega, y que nos revelan el *contenido* de ese conocimiento.

3 Busque Lucas 1:77, 2 Corintios 4:6, Filipenses 3:8 y 2 Pedro 3:18 y responda:

En base a estos pasajes, ¿de qué es el conocimiento?

Si es así, ¿cómo se aplica este don en la iglesia?

Fe (v. 9)

Aunque todos los creyentes tenemos la fe que resulta en la salvación, Dios da a algunos de sus hijos una medida especial de ella. Esta fe –como todos los dones– es para el bien de los hermanos, de la iglesia. Tenemos varios ejemplos en los evangelios donde Jesús sanó a una persona en respuesta a la fe de otra persona (Marcos 2:5 es un ejemplo). El que tiene este don pide *sabiendo* cómo Dios va a responder. George Müller, a menudo citado como ejemplo de un hombre de fe, dijo:

"Agradó al Señor, según mi parecer, darme algo como el don... de la fe, para que pueda pedir sin condiciones y esperar la respuesta."
(Citado en "George Müller of Bristol", por A. T. Pierson, p. 438).

Por supuesto, este no es un don muy visible, y es fácil confundirlo con la obstinación humana. ¿Cómo se puede, entonces, discernir la existencia de este don?

La primera pauta es sencilla: una verdadera demostración del poder de Dios. No un ejemplo de la capacidad humana, sino evidencia clara que Dios está actuando más allá de nuestras posibilidades para resolver problemas, tocar vidas, etc.

La segunda pauta se encuentra en 1 Corintios 13:2.

4 Explique cómo este versículo nos ayuda a discernir el verdadero don de la fe.

Sanidades (v. 9)

Llegamos al primer tema realmente polémico, capaz de levantar la presión sanguínea de muchos hermanos. Es objeto de controversia en casi todos los sectores de la iglesia.

¿Por qué tanta controversia? Las razones son sencillas. Primero, porque es un tema muy personal y emocional. Toda persona que ha sufrido comprende las implicaciones del tema. Pero segundo, las posiciones existentes son muy dispares, casi al punto de exageración.

Un polo de opinión insiste en que Dios no sana actualmente, que las sanidades se limitaban a la era apostólica. Pero no podemos aceptar la existencia de los dones prácticos que vimos en la lección anterior, y a la vez rechazar los de esta lección. Hacer esto es imponer nuestros prejuicios sobre el texto bíblico.

El otro extremo de la opinión afirma que Dios *siempre* sana, y que no debe haber cristianos enfermos. Insisten que el cristiano enfermo está escondiendo algún pecado, o que le falta fe. Como todo tema polémico, es difícil encontrar el camino equilibrado entre los extremos. Vamos a intentarlo con cinco afirmaciones.

[1] Hay personas que se sanan.

Sería imposible negarlo si uno examina la evidencia. Muchos conocen ejemplos personales. Cito el caso de una denominación que generalmente no acepta la existencia del don de sanidad:

"*...mientras estuve allí, bauticé a 16 creyentes... otro hermano bien anciano fue bautizado. Había sido prácticamente ciego durante varios años, y siempre alguien le guiaba por el sendero del río a las reuniones. Fue el primero en ser bautizado, e inmediatamente recuperó casi totalmente la visión, y podía observar a los otros que se bautizaban, y lo vi regresar solo a su casa por el río. Ultimamente ha trabajado en la cosecha de su campo...* "

(Cita de una carta de A. Sutherland, Filipinas)

5   Si usted conoce un caso comprobado, cuéntelo al grupo.

[2] Hay por lo menos tres clases de sanidades.

Primero, lo que podemos llamar "espontánea", emocional o mental. Los médicos reconocen que la mente y la actitud de una persona afecta directamente a su salud. Tal como la tensión nerviosa puede crear úlceras, también la salud mental puede eliminar ciertas clases de enfermedades. Hay casos de enfermedades graves que espontáneamente desaparecen. Hay casos de personas que se sanan con un sencillo cambio de actitud. Un humanista (no creyente), Norman Cousins, escribió un libro (Anatomy of an Illness) acerca de cómo se curó con "risa y alegría".

Esto explica muchos casos de personas enfermas que asisten a alguna reunión de sanidad, se sienten mejor, pero pocos días después están de nuevo en la misma condición.

Segundo, Satanás también tiene poder para sanar (Lucas 13:16). El Señor habló de los que harían grandes señales y milagros (Mateo 24:23,24), y Pablo explicó cómo Satanás se disfraza de un hombre que hace lo bueno (2 Corintios 11:13-15). Note que el pasaje menciona que su propósito es engañar a la gente... y en la práctica, tiene éxito.

Las curaciones no se limitan a los evangélicos, y hay curanderos con un poder verdadero. Los Mormones, los de la "Ciencia Cristiana" y hasta los hindúes tienen curaciones, y ofrecen documentación que lo comprueba. La sanidad no es necesariamente una prueba de la presencia y poder de Dios.

Tercero, Dios sana. De eso, espero, estemos de acuerdo. Pero también creo que si Dios sana, restaura a la persona a una vida normal. Tenemos un solo caso en el Nuevo Testamento de una persona "parcialmente" sanada, y eso fue rectificado en el acto (Mr 8:22-26). La persona que se siente "mejorcita" probablemente sea un ejemplo de la sanidad "mental" mencionada arriba.

6   A la luz de estas tres maneras de ser sanado, ¿cómo podemos reconocer si la curación, en un caso particular, es realmente de Dios?

[3] La enfermedad no es el resultado de la culpa personal o la falta de fe.

Según la Biblia la enfermedad es el resultado del pecado en el sentido general. Es decir, nuestros cuerpos físicos sufren las consecuencias de un mundo enfermo (Ro 8:18-23). Pero en el Nuevo Testamento no dice que el resfrío de hoy es el resultado de algún error que cometí ayer. Al contrario, el Señor en Lucas 13:1-5 y Juan 9:2,3 sugiere que no es así.

Uno de los pocos pasajes que hablan de una relación entre el pecado y la enfermedad es 1 Corintios 11:30. Pero este pasaje no plantea un caso general, sino la situación específica de la Cena del Señor.

A primera vista Santiago 5:14,15 es otro caso, pero cuando lo examinamos vemos que dice lo contrario. La persona está enferma, pero el v. 15 dice "...y si *hubiera* cometido pecado..." implicando que no necesariamente había pecado de por medio.

En realidad, hay un libro entero de la Biblia dedicado a combatir la falacia de que la desgracia es siempre la consecuencia del pecado: el libro de Job.

Tampoco podemos decir que estamos enfermos porque no tenemos suficiente fe. ¿El Señor siempre sanaba a una persona porque tenía mucha fe?

7 Busque los siguientes pasajes y responda: ¿Las personas sanadas en estos casos tenían fe? Lucas 5:17-25, 7:1-10, 8:40-42 y 49,50, 9:37-43, Juan 4:43-53, 5:1-9.

Tal vez podamos resumir este punto de esta manera: la *incredulidad* impide la obra de Dios (Mateo 13:58), pero no la fe pequeña. Los sanadores que echan la culpa a personas que no se sanan diciendo que no tienen suficiente fe erran... mejor, parece que son *ellos* quienes no tienen la fe suficiente. Como hemos de considerar en el siguiente punto, Dios no está obligado a sanar, pero tampoco está limitado por la cantidad de nuestra fe.

[4] Dios no está obligado a sanar.

Algunos afirman que Dios siempre sana en base a ciertas profecías del Antiguo Testamento, como por ejemplo, Isaías 53:4. Pero el Antiguo Testamento es la "sombra" del evangelio, y necesitamos entenderlo a la luz de su confirmación y aplicación en el Nuevo Testamento.

Al llegar al Nuevo Testamento vemos que el Señor y sus apóstoles sanaron, pero cuando examinamos las Epístolas para ver el tema de la salud física y la sanidad en la iglesia, nos asombra la falta de información. Es decir, no hay una clara indicación en las instrucciones para las iglesias de que Dios nos promete la salud física. Al contrario, pasajes como 1 Timoteo 5:23, 2 Timoteo 4:20, 2 Corintios 12:8,9 y 1 Juan 3:2 sugieren que los mismos apóstoles tenían que aceptar la enfermedad.

El caso de Pablo en 2 Corintios 12:8,9 es importante. Los comentaristas generalmente piensan que Pablo sufría de una dolencia de los ojos.

8   Según el pasaje,

   a) ¿por qué Dios no lo sanó?

b) ¿Qué implica esto para la vida de la iglesia?

c) ¿Qué implica para su vida personal?

Pero la experiencia también nos dice que Dios no garantiza la salud física a sus siervos. Muchos de los grandes hombres y mujeres de Dios en la historia de la iglesia han tenido que luchar con serios problemas de salud. Hace poco un grupo de iglesias en los EE. UU. llamó la atención de la prensa por su alto índice de mortalidad. Eran iglesias que insistían en que Dios *siempre* sana, y prohibiEron a sus miembros de buscar atención médica. Descubrieron muchos casos de personas —mayormente niños— que murieron por falta de un sencillo tratamiento médico.

Sí, Dios sana, pero no está obligado a sanarnos. Es soberano, y sana a quien quiere y cuando quiere.

[5] hay dos ministerios de sanidad en la iglesia. El primero es el de las personas que han recibido ese don de parte del Espíritu. Dios las utiliza para sanar, no necesariamente en campañas u otras maneras "espectaculares", sino aliviando necesidades entre los hermanos de la iglesia.

Muchos de los hermanos que han escrito sobre el tema intentan ampliar nuestro concepto de qué es la sanidad. Una cantidad creciente de las enfermedades "modernas" son las que la medicina no puede curar. Los problemas emocionales, ansiedades, depresiones, tensiones nerviosas, etc. Causan mucho sufrimiento, y muchas veces dan como resultado desórdenes físicos.

La iglesia necesita de personas con el don de Dios para sanar. Hay personas que se acercan a los hermanos doloridos, escuchan, oran con ellos y por ellos, y con la Palabra y la oración, sanan.

Pero también Dios ha dado a la iglesia misma el poder para sanar. Santiago 5:14 y 15 describe cómo los ancianos de la iglesia, en representación de ella, pueden ser el medio de la sanidad. Es interesante que Santiago dice que cuando estamos enfermos debemos buscar a los ancianos de la iglesia, no a una persona con el don de sanidad.

Tal vez el problema más grave de este tema son las personas que han buscado la sanidad, y no la han encontrado.

9 Si usted es una de ellas, ¿cómo ha reaccionado? Comparta con el grupo.

10 Hay tres posibles razones para no ser sanado. Discuta en el grupo las razones a favor y en contra de cada una. Ofrecemos unos pocos versículos para ayudar en la discusión.

a) La persona no tuvo suficiente fe. (2 Corintios 12:8,9)

b) El sanador (o la iglesia) no tuvo suficiente fe. (Mateo 17:19,20)

c) Sencillamente Dios decidió no sanar. (Ro 9:15,16)

5

Los dones discutidos [2]

Con esta lección continuamos con la lista de dones de 1 Corintios 12:8-10.

Milagros (v. 10)

La palabra utilizada en este pasaje es la misma empleada muchas veces para hablar de los milagros del Señor. Es la palabra **dúnamis**, traducida a menudo por "poder". Sabemos que el Señor hizo *muchos* milagros (Juan 20:30, 21:25), pero la gran mayoría mencionados en los evangelios eran sanidades.

Los apóstoles también hicieron milagros, y tenemos unos ejemplos en el libro de los Hechos. Por lo general, vemos que lOs milagros mencionados en el Nuevo Testamento (aparte de sanidades) eran muy diversos.

1 Anote la naturaleza del milagro mencionado en los siguientes pasajes:

   a) Marcos 4:35-41

   b) Marcos 6:30-44

   c) Marcos 6:45-52

d) Marcos 8:1-10

e) Marcos 11:12-14 y 20

f) Lucas 5:1-5

g) Juan 2:1-12

h) Hechos 12:6-19

i) Hechos 13:4-12

j) Hechos 16:25,26

Ahora, vemos la variedad de milagros mencionados en el Nuevo Testamento, pero eso no nos ayuda a entender la aplicación de este don actualmente. Ya vimos que los dones son para la edificación de la iglesia.

2 Si es así:

a) ¿Qué opina usted del lugar que tienen los milagros en la iglesia actual?

b) ¿Qué función tendría un hermano en la iglesia si tiene este don?

Profecía (v. 10)

En la lección 2 vimos la tarea del profeta: edificar la iglesia. A veces el Señor le dará una visión de algo futuro (como el caso de Hechos 21:10 y 11), pero el énfasis del Nuevo Testamento es que el prOfeta habla para la edificación de sus hermanos.

La importancia de la profecía reside en el hecho de que aparece en cuatro de las listas de dones, y se implica en la quinta. Personalmente creo que una buena parte de lo que llamamos "predicación" en la iglesia realmente es profecía. Son los profetas y maestros (Hechos 13:1) los que hablan a la iglesia para animar, consolar, exhortar y enseñar.

En 1 Corintios 14 tenemos una breve descripción del uso de la profecía en la iglesia, y notamos que Pablo impone ciertas limitaciones. Como dice 1 Corintios 14:40, exige que se haga todo "decentemente y con orden".

Aparentemente 1 Corintios 14:26-40 describe una reunión "abierta", donde participaban varios hermanos. Pablo, entonces, da pautas de cómo conducir la reunión.

3 ¿Cómo podemos aplicar los siguientes versículos al hermano con don de profecía en nuestros días?

a) v. 29

b) vv. 30,31

c) vv. 32,33

d) vv. 37,38

Discernir espíritus (v. 10)

En una época donde las sectas, el espiritismo y las religiones abiertamente demoníacas abundan, este don es imprescindible.

Pero otra vez, es necesario evitar los extremos. Algunos hermanos ven demonios en toda persona que tenga un problema o que esté un poco fuera de lo normal. Pero en realidad hay muchas personas cuyos problemas son sencillamente el pecado, no un demonio, o quizás tienen una enfermedad mental. La presencia demoníaca se manifiesta claramente en una oposición al evangelio y los siervos de Dios.

4 En base a 1 Juan 4:1, ¿cuál ha de ser la tarea de la persona que tiene este don?

Lenguas (v. 10)

Llegamos a otro de los temas sumamente polémicos. Aunque Pablo aparentemente lo califica como uno de los dones menos importante (según la lista de 1 Corintios 12:28), es el que ha creado más confusión y discusión.

Desde el principio aclaro el planteo de esta lección: Existen dos extremos igualmente erróneos. Uno dice que actualmente las lenguas no existen, o por lo menos, no de parte de Dios. El otro dice que *todo* creyente tiene que hablar en lenguas. Creemos que la Biblia no apoya a ninguno de estos extremos.

Primero, ¿qué *son* las lenguas? La palabra misma [**glossa** en griego] significa sencillamente la lengua como parte del cuerpo, o un idioma (en pasajes como Apocalipsis 5:9, 7:9, etc.). Es importante que en 1 Corintios 14 donde habla de "lenguas extrañas" o "desconocidas" (13:2, 4, 13, 14, etc.) la palabra "extraña" o "desconocida" no está en la versión griega. Es una "aclaración" agregada por los traductores, y se debe leer sencillamente "lenguas".

No hay acuerdo entre los eruditos si las lenguas de 1 Corintios 14son idiomas, o alguna forma desconocida de hablar (lenguaje de "ángeles"). En Hechos 2 eran idiomas conocidos, pero esto no exige que lo sean en 1 Corintios. Hay lingüísticos creyentes que han analizado grabaciones de lenguas y dicen que no son idiomas. Pero a la vez existe el testimonio de hermanos que han conocido casos de lenguas que eran claramente idiomas conocidos, pero desconocido por la persona que hablaba. Repito: no hay consenso.

En la práctica, no es importante qué sean, porque en todo caso Pablo destaca en 1 Corintios 14 que los oyentes no han de entender lo dicho, por lo tanto, necesitan intérpretes.

Sin ninguna duda el tema es difícil, pero vamos a explorar brevemente algunas de las áreas de dificultad.

Primero, el hablar en lenguas no es un fenómeno "cristiano". Se puede discernir por lo menos cuatro clases de lenguas (los científicos tienen más), según su origen, según su causa.

- Emocional. Entre los que trabajan con enfermos mentales, el hablar en lenguas es conocido como algo puramente humano, sin origen "espiritual". Es decir que cierta clase de problemas emocionales pueden inducir a una persona a hablar en lenguas.

- Diabólico. Los antropólogos conocen el hablar en lenguas porque es común en las religiones primitivas. Los brujos de las religiones animistas y espiritistas practican el hablar en lenguas, especialmente en trances.

- Aprendido. Es decir, una persona que asiste a una iglesia donde todos hablan en lenguas pronto "aprende" a hacerlo también. Ciertos grupos tienen técnicas para enseñar a la persona nueva a hablar en lenguas. Por supuesto el resultado en estos casos no es necesariamente del Espíritu de Dios.

- Del Espíritu de Dios. Es decir, una manifestación de la presencia del Espíritu, un don.

Es importante destacar que las lenguas no son siempre de Dios, porque la Biblia nos advierte de las falsas manifestaciones del Espíritu. De ahí la importancia del don de discernimiento de espíritus que vimos arriba.

Segundo, los pasajes que hablan de lenguas dan la impresión de que hay dos "clases" de lenguas en el Nuevo Testamento. Por un lado la manifestación del Espíritu como testimonio de la conversión de muchos creyentes en el libro de los Hechos, y por otro lado, el don descrito en 1 Corintios 14. Hagamos una comparación entre los dos. (***ver el encuadro de la página siguiente***)

Tal vez vemos la diferencia con más claridad cuando comparamos el propósito de los dones en los dos casos.

5   ¿Cuál fue la función de las lenguas en:

a) el libro de los Hechos? (Por ejemplo, 2:8-12; 10:44-47; 11:15-17)

b) 1 Corintios 14:20-25?

Los Hechos	1 Corintios
El Espíritu cayó sobre grupos enteros de personas, y todos hablaron en lenguas. (Hechos 2:4, 10:44)	El hablar en lenguas es dado solamente a ciertas personas, como en el caso de los otros dones. (1 Corintios 12:30)
Todos los oyentes, por lo menos en Hechos 2, entendieron lo que dijeron los que hablaron en lenguas. (Hechos 2:6) Hechos 10:46 implica lo mismo.	Nadie puede entender a los que hablan. (1 Corintios 14:2)
Por lo menos en Hechos 2, hablaron idiomas conocidos por la gente. (Hechos 2:6)	Hablan un idioma incomprensibLe para los hombres, y necesitan intérprete, no traductor. (1 Corintios 14:5b)
No hacía falta un traductor. (Hechos 2:6)	No deben hablar en público a menos que haya un intérprete presente. (1 Corintios 14:28)

6 ¿Qué opina usted?

    a) ¿Habrá dos "clases" de lenguas, o una sola?

    b) ¿Cómo afecta esta decisión a nuestra interpretación acerca del lugar de las lenguas en la iglesia?

Tercero, el valor del don de lenguas es principalmente personal. En un sentido, esto contradice todo el planteo de este cuaderno. Hemos visto que los dones son para la edificación de la iglesia, y hasta cierto punto, el don de lenguas también lo es, pero con diferencias.

7 Veamos el argumento de Pablo en 1 Corintios 14.

    a) ¿Cuál es la función de las lenguas según los vv. 2 y 4?

b) ¿Cuál es la preocupación de Pablo en los vv. 13 y 14?

Aunque la discusión sobre las lenguas se limita a 1 Corintios 14; hay otros pasajes como Romanos 8:26 que posiblemente sugieren el uso de las lenguas en la relación personal con Dios. El don de lenguas *puede* cumplir una función de edificar a la iglesia, pero vemos que Pablo pone restricciones claras en cuanto a su uso. Como mencionamos anteriormente, aparentemente había abuso en cuanto al uso de lenguas en la iglesia de Corinto, y Pablo escribe para poner las cosas en orden, no para prohibir su uso.

Cuarto, hay reglas claras para el uso de las lenguas en la iglesia.

8 Explique cómo se aplican los siguientes versículos de 1 Corintios 14 al uso de las lenguas en la iglesia.

a) los vv. 5,6

b) los vv. 15 a 19

c) los vv. 23-25

d) los vv. 27,28

e) los vv. 39,40

9 ¿A qué conclusión nos lleva la pregunta 9?

Es importante notar dos detalles más. Primero, el hablar en

lenguas está bajo el control del que habla. No es algo "espontáneo", sino que 1 Corintios 14:27,28 destaca que en la iglesia, el hablar en lenguas debe hacerse "decentemente y con orden" (1 Corintios 14:40).

Segundo, las manifestaciones que a veces acompañan el hablar en lenguas en ciertos grupos (temblor, caídas, gritos, baile, etc.) no necesariamente vienen del Espíritu. Muchas veces son reacciones emocionales, o aún están inducidos por los dirigentes del grupo.

Quinto. El hablar en lenguas en 1 Corintios —repito— es un don entre varios. Algunos pueden tenerlo; otros no. Su función principal, como la de todos los dones, es la edificación, tema de la lección 1. Puede ser para la edificación personal (1 Corintios 14:4), o dentro de su aplicación correcta, para la edificación de la igLesia (1 Corintios 14:5). Es uno de los dones más "visibles", pero no necesariamente el más importante. No debemos prohibir las lenguas (1 Corintios 14:39), pero sí debemos insistir que se haga todo "decentemente y con orden" (1 Corintios 14:40).

Interpretar lenguas (v. 10)

El don de interpretación, en un sentido, tiene más importancia que el mismo don de lenguas, porque permite el uso de las lenguas para la edificación de la iglesia.

Pablo sugiere que la persona con don de lenguas pida a Dios que le conceda el poder de interpretarlas (1 Corintios 14:13), porque sin interpretación, según Pablo, no se debe hablar lenguas en la iglesia (1 Corintios 14:28).

Una de las objecciones al don de lenguas y al de interpretación es que son "peligrosas", y tiene razón. Es muy posible que las lenguas y su interpretación sean fruto de la imaginación o de las emociones, y no del Espíritu de Dios. Es por esta razón Que el don de lenguas, como el de profecía, debe ser sujeto a la iglesia (1 Corintios 14:29-33) y a los que tienen discernimiento espiritual.

10 ¿Cuál ha sido su experiencia en su iglesia? ¿Ha bendecido el Señor la iglesia con algunos de estos dones?

6

Cómo reconocer su don

Pablo presupone que todo creyente tiene un don del Espíritu. Sin embargo, en la práctica, la mayoría de los creyentes no pueden nombrar *su* don con confianza. Para muchos es causa de frustraciones, o directamente no hacen nada porque "no conocen su don". El tema tiene varias facetas que vamos a explorar.

Las capacidades naturales.

No hay necesariamente una relación entre una capacidad natural y un don espiritual. Esa capacidad *puede* ser utilizada por Dios, pero no necesariamente. Por ejemplo, una persona puede tener el don de enseñar, y a través de su ministerio en la iglesia, las vidas cambian. Mientras otra persona recibida de maestra, aunque tenga siempre sus clases bien preparadas, no ve la transformación de vidas.

Una tendencia peligrosa es empujar a un hermano nuevo adelante en la iglesia, o colocarlo en un lugar de responsabilidad, por sus grandes capacidades naturales. Pero sin madurez espiritual, esa misma capacidad puede llegar a ser un estorbo para él, y para la iglesia.

El Señor es quien nos prepara para servirle, aunque él puede utilizar en esa preparación una capacidad que ya teníamos.

Dios ha llamado a *todos* a servir.

Aparte del tema de los dones, el creyente verdadero es uno que ha visto el ejemplo de su Señor (Marcos 10:45), ha escuchado la voz de la Palabra de Dios y por esta razón, sirve. En realidad, muchas de las áreas de servicio que hemos visto en el estudio de los dones, son también para todos los creyentes.

1 Busque los siguientes pasajes, e indique el área de servicio indicado para los creyentes en general.

a) Gálatas 5:13

b) Hebreos 10:25

c) 2 Corintios 9:7

d) Hechos 1:8

e) 1 Juan 4:7

f) Tito 2:4

g) 1 Corintios 12:25

La primera conclusión entonces es ésta: no debemos esperar "reconocer nuestro don" para comenzar a servir.

2   ¿Qué implicancia tiene esta afirmación para:
   a) la vida de su iglesia?

b) su propia vida?

Ganar toda la experiencia que pueda.

Una de las maneras más directas para reconocer nuestro don, es por la experiencia. No voy a saber si tengo don para trabajar entre los niños, o para la visitación, o para dirigir una clase si nunca lo he probado.

La regla es sencilla: Intente toda tarea que tenga oportunidad de hacer, y la experiencia le mostrará si tiene don pAra esa área o no. Si se siente realmente satisfecho con la tarea, ve que Dios está dando fruto, y ve que otros lo aprueban, entonces son buenas indicaciones que tiene don para esa área de servicio.

El don se perfecciona con el uso.

Los dones normalmente no vienen del cielo servidos en una bandeja. Si uno tiene don de enseñar, tiene también toda una vida por delante de preparación y estudio. Como en todas las áreas de la vida cristiana, vamos creciendo en madurez y experiencia.

Timoteo, por ejemplo, tenía dones del Espíritu de Dios. Sin embargo, vemos que Pablo le advirtió fuertemente.

3   Según los siguientes pasajes, ¿cuál fue la advertencia de Pablo a Timoteo?

a) 1 Timoteo 4:15,16

b) 2 Timoteo 1:6,7

c) 2 Timoteo 2:15

Pedir consejo de creyentes maduros.

El creyente joven, especialmente, no siempre está en condiciones de reconocer su propio don. Puede ser que tenga mucho entusiasmo, pero no la sabiduría como para discernir lo que hace. Por ejemplo, muchas veces encontramos al hermano que piensa que ha sido llamado a predicar el evangelio, pero nos damos cuenta que no tiene ese don de Dios. O para ir al otro extremo, hay hermanos que tienen un don, pero por su humildad o modestia, se niegan a ejercerlo.

El hermano mayor, con madurez espiritual y experiencia, muchas veces está en mejores condiciones para reconocer nuestro don que nosotros mismos. Conviene someter nuestras impresiones a su consejo.

4   Pregunte a uno o más hermanos de su iglesia: ¿Qué le parece cuál es mi don espiritual? Comparta los resultados con el grupo.

Nunca olvidar: el don es de **Dios.**

Si Dios nos da el don, no tenemos motivo para sentirnos importantes o mejores que los otros hermanos. Tal vez es por esta razón que a veces Dios no utiliza el talento natural de un hermano; porque fácilmente llega a ser motivo de orgullo.

5 Miremos de nuevo un pasaje de 1 Corintios 12. ¿Cuál ha de ser nuestra actitud según los vv. 21 a 24?

La pregunta clave

"¿Cuál es, entonces, mi don?" Realmente, esta no es la pregunta correcta. Lo que debemos preguntar es: "¿Qué puedo hacer *yo* para servir a mi iglesia?" No necesitamos reconocer un don específico para poder servir. Sencillamente hay que mirar alrededor en su congregación, ver las necesidades, y comenzar a hacer algo.

6 Haga una lista de por lo menos cinco necesidades que usted ve en su congregación. Pueden ser necesidades de *cualquier* índole.

7 Seleccione una de ellas, e indique aquí las posibles soluciones que usted mismo puede proveer.

¿Cuántos dones?

Cuando nos encerramos dentro de las listas de dones, e intentamos identificarnos con uno solo, muchas veces sentimos frustraciones. Pero cuando miramos a nuestra congregación con la vocación de servicio de cualquier tipo, nos libramos. Realmente, muchos estudiosos piensan que las listas que encontramos en la Biblia son solamente parciales y representativas, y que Dios capacita a sus hijos según la necesidad de la iglesia y su época. Es decir, es posible que haya "dones" que no aparecen en las listas bíblicas.

8 ¿Qué opina usted?

a) ¿Es correcto agregar dones a las listas que encontramos en la Biblia? Explique su respuesta.

b) Si usted piensa que sí se puede, ¿qué dones agregaría?

Terminamos pensando en cómo debemos utilizar el don que Dios nos da. Tener un don es tanto un privilegio como una responsabilidad, y como buenos mayordomos de Dios, debemos demostrar que somos dignos de su confianza (1 Corintios 4:2).

9 Según los siguientes pasajes, ¿cómo debemos utilizar nuestro don? Intente resumir las pautas principales que nosotros podemos aplicar al uso de todos los dones.

a) Romanos 12:6-8

b) 1 Timoteo 4:13-16

c) 1 Pedro 4:10,11

Hermanos, "*todo lo que hagan o digan, háganlo en el nombre del Señor Jesús, dando gracias a Dios el Padre por medio de él.*" (*Colosenses* 3:17)

Cómo utilizar este cuaderno

Estos cuadernos son *guías de estudio*, es decir, su propósito es guiarle a usted para que haga su propio estudio del tema o libro de la Biblia que desarrolla este material. El cuaderno propone un diálogo. En él introducimos el tema, sugerimos cómo proceder con la investigación, comentamos, pero también preguntamos. Los espacios Después de las preguntas son para que usted anote su respuesta a ellas. Esperamos que, por medio del diálogo, le ayudemos a forjar su propia comprensión del tema. No de segunda mano, como cuando se escucha un sermón, sino como fruto de su propia lectura y investigación.

¿Cómo hacer el estudio?

1 - Antes de comenzar, ore. Pida ayuda a Dios que le hable y le dé comprensión durante su estudio.

2 - Se deben leer los pasajes bíblicos más de una vez y preguntarse: ¿Qué dice el autor? Aunque muchos utilizan la versión Reina-Valera de la Biblia, conviene tener otra versión o versiones disponibles para comparar los pasajes entre las dos. La "Versión popular" y la "Nueva versión internacional" le pueden ayudar a ver el pasaje con más claridad.

3 - Siga con la lectura de la lección. Responda lo mejor que pueda a las preguntas.

4 - Evite la tendencia de "apurarse para terminar". Es mejor avanzar lentamente, pensanDo, preguntando, aclarando.

En grupo

El estudo personal es de mucho valor pero se multiplican los beneficios si lo acompaña con el estudio en grupo. Un grupo de hasta 8 personas es lo ideal. Pero, puede ser que por diferentes motivos el grupo esté formado por usted y una persona más, aun así, es mejor que estudiar solo.

En realidad, estos cuadernos han sido diseñados con ese motivo: estimular el estudio en células, en grupos pequeños.

La manera de hacerlo es fácil:

1 - **Usted hace en forma personal una de las lecciones del cuaderno**. Aun cuando pueda haber cosas que no entienda bien, haga el mayor esfuerzo posible para completar la lección.

2 - **Luego se reune con su grupo**. En el grupo comparten entre todos las respuestas de cada pregunta. Puede ser que no tengan las mismas respuestas, pero comparando entre todos las van aclarando y corrigiendo.

Es durante este compartir semanal de una hora y media, este diálogo entre todos, donde se encuentra la verdadera riqueza y que nos provée esta forma de estudio.

3 - **Evite salirse del tema**. El tiempo es oro, y lo más importante es enfocar todo el esfuerzo del grupo en el tema de la lección. Luego, pueden dedicar tiempo para conocerse más y tener un rato social.

4 - **Participe**. Todos deben participar. La riqueza del trabajo en grupo es justamente eso.

5 - **Escuche**. Hay una tendencia de apurar nuestras propias opiniones sin permitir que el otro termine. Vamos a aprender de cada uno, aun de los que, según nuestra opinión, están equivocados.

6 - **No domine la discusión**. Puede ser que usted tenga todas las respuestas correctas, sin embargo es importante dar lugar a todos, y estimular a los tímidos a participar. No se trata de sobresalir, sino de compartir aprendiendo juntos.

Si en el grupo no hay una persona con experienca en coordinarlo, se puede encontrar ayuda para dirigir un grupo en:

1 - Nuestra página web, www.edicionescc.com. La sección "Capacitación" ofrece una explicación breve del método de estudio.

2 - En las últimas páginas de nuestro catálogo se ofrece también una orientación.

3 - El cuaderno titulado "Células y otros grupos pequeños" es un curso de capacitación para los que desean aprender cómo coordinar un grupo.

4 - Hay algunas guías que disponen de un cuaderno de sugerencias para el coordinador del grupo.

Finalmente diremos que las guias no contienen respuestas a las preguntas ya que el cuaderno es exactamente eso, una guia, una ayuda para estimular su propio pensamiento, no un comentario ni un sermón. Le marcamos el camino, pero usted lo tiene que seguir.

Que el Señor lo acompañe en esta tarea y si necesita ayuda, comuníquese con nosotros. Estamos para servirle.

Se terminó de imprimir en

Talleres Gráficos de

Ediciones CC

Córdoba 419 - Villa Nueva, Pcia de Córdoba

Noviembre de 2013

IMPRESO EN ARGENTINA

www.ingramcontent.com/pod-product-compliance
Lightning Source LLC
Chambersburg PA
CBHW060724030426
42337CB00017B/3001